18 Février 1885.

VENTE DU MERCREDI 18 FÉVRIER 1885

HOTEL DROUOT, SALLE N° 5

OBJETS D'ART

ET

DE CURIOSITÉ

DU JAPON

EXPOSITION PUBLIQUE

LE MARDI 17 FÉVRIER 1885

COMMISSAIRE-PRISEUR

Me PAUL CHEVALLIER

10, rue Grange-Batelière, 10.

EXPERT

M. Charles MANNHEIM

7, rue Saint-Georges, 7.

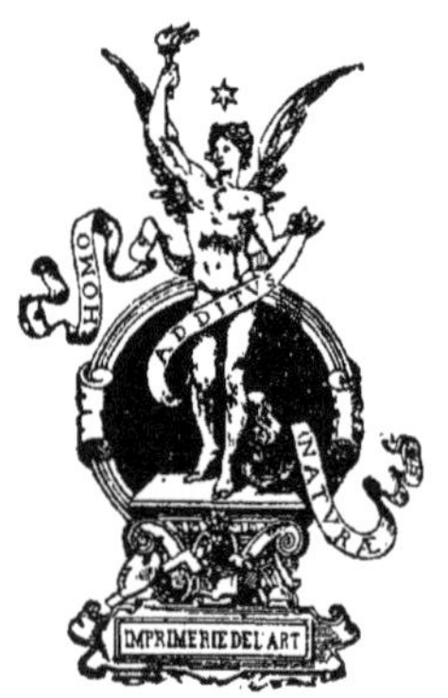
HOMO ADDITVS NATVRÆ
IMPRIMERIE DE L'ART

CATALOGUE

DES

OBJETS D'ART

ET DE CURIOSITÉ

DU JAPON

LAQUES — BRONZES — POTERIES

PORCELAINES

Émaux cloisonnés — Objets variés — Étoffes

DONT LA VENTE AURA LIEU

HOTEL DROUOT, SALLE N° **5**

Le Mercredi 18 Février 1885

A 2 HEURES

Par le Ministère de Mᵉ PAUL CHEVALLIER, commissaire-priseur,
10, rue de la Grange-Batelière, 10

Assisté de M. CHARLES MANNHEIM, expert, 7, rue St-Georges.

EXPOSITION PUBLIQUE : Le Mardi 17 Février 1885.

DE UNE HEURE A CINQ HEURES

CONDITIONS DE LA VENTE

Elle sera faite au comptant.

Les acquéreurs payeront en sus des enchères *cinq pour cent*, applicables aux frais.

L'exposition mettant le public à même de se rendre compte de l'état des objets, aucune réclamation ne sera admise une fois l'adjudication prononcée.

Paris. — Imp. de l'Art. E. MÉNARD et J. AUGRY
41, rue de la Victoire, 41

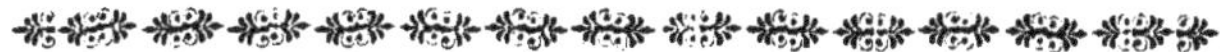

DÉSIGNATION DES OBJETS

LAQUES

1 — Grand miroir bronze, avec boite et chevalet en laque aventurine, décorés d'armoiries en or.

2 — Boîte à écrire et sa table, laque aventurine, décor fleurs et armoiries en or.

3 — Toilette laque avec son miroir et trois boîtes, décor mi-partie fond noir et aventurine, recouvert d'ornements et de fleurs laqués en or.

4 — Petit cabinet laque de Liu-Kin, décor de paysage et de fleurs en relief exécutés en nacre, pierre de lard, etc.

5 — Laque brun noir à décor d'or. Japon. Boîte écritoire, arbres et rochers en haut-relief,

incrustés or, intérieur de même décor à fleurs or et argent.

6 — Laque or sur fond aventuriné. — Cabinet à cinq compartiments et à deux portes à deux battants, décorés de fleurs, feuillages et oiseaux en relief et garniture métal.

7 — Laque or sur fond aventurine.— Une tasse et son présentoir, décorés d'éventails et de fleurs en or.

8 — Laque or incrusté sur fond aventurine. — Petite chaise à porteurs, décorée de fleurs laquées or et armoiries incrustées, intérieur peint sur laque or.

9 — Laque or et incrustations sur bois.— Boîte décorée de fleurs et de papillons laque or et couleur, incrustée or et argent; couvercle incrusté d'ivoire, de nacre et d'écaille.

10 — Laque d'or sur fond noir. — Plateau fond noir, décoré d'arbustes et d'armoiries laque or, incrustés de parties métalliques.

11 — Laque d'or incrusté sur fond aventurine.—

Boîte-écritoire décorée d'arbres et de feuillages or, intérieur décoré de plantes et d'oiseaux en relief laqués or et de parties métalliques.

12 — Laque or et incrustations de métal sur fond aventurine. — Petite boîte à médecine décorée d'arbres en relief, laqués or, et de deux personnages en bronze, or et argent très finement ciselés.

13 — Laque or sur ivoire. — Boîte à médecine en ivoire, décorée d'arbustes et de fleurs laqués or.

14 — Laque or et incrustations sur fond pailleté d'or. — Boîte à médecine décorée de sujets familiers et enrichie sur une de ses faces de fleurs incrustées, exécutées en nacre, corail et ivoire teint en vert.

15 — Deux étagères en laque noir à décor de feuillages et ornements en or, avec compartiments fermant à portes.

16 — Incrustations de nacre sur fond laqué or. — Boite à médecine en laque d'or, décorée

d'un côté d'une grue rapportée en nacre en relief et de l'autre d'un aigle attaquant une grue.

17 — Petite boite rectangulaire en laque aventurine, décor bambous en or.

18 — Laque or à dessins sous couverte, sur fond aventuriné. — Petite boîte rectangulaire à trois compartiments, décorée de paysages et sur le dessus d'une figure équestre.

19 — Laque or à relief sur fond aventurine. — Boîte à écrire, décor de paysage en or en relief.

20 — Laque or à dessins sous couverte. — Deux petites boîtes juxtaposées de forme ovale, décorées de feuilles.

21 — Laque d'or sur fond aventurine. — Petit plateau de forme rectangulaire, décoré d'arbustes et d'armoiries en or en relief.

22 — Trois bols à riz en laque noir, décorés d'armoiries en or.

23 — Laque rouge de Pékin. — Boîte à quatre compartiments, décorée de paysage et de fleurs très finement ciselés.

24 — Laque rouge de Pékin. — Petit plateau carré à angles rentrants ; au centre, personnages dans un paysage, bordure d'oiseaux et de fleurs.

25 — Laque rouge de Pékin. — Petite boîte ronde ; le couvercle représente un combat de coqs.

26 — Laque rouge de Pékin. — Plateau carré, décoré de personnages dans un paysage.

27 — Pinceau avec étui en laque rouge de Pékin très finement décoré de personnages et d'arbustes.

28 — Trois coupes à vin en laque rouge, décorées d'oiseaux et de personnages.

29 — Laque noir. — Boite à médecine très finement ciselée en relief à sujets familiers.

30 — Petite cage en bambou laqué et laque noir incrusté de nacre.

31 — Petit cabinet décoré d'insectes laqués en or et couleurs, sur fond de bois naturel. Il renferme huit tiroirs et sa porte découpée laisse voir la face des tiroirs du meuble. Il est garni en argent.

32 — Trousse à médecine décorée d'arbustes, de rochers et de paons en laque d'or en relief sur fond aventuriné, et enrichie d'incrustations de burgau.

33 — Pitong en bambou sculpté, à paysages et figures.

ÉMAUX CLOISONNÉS

34 — Deux vases sur pieds cylindriques, en émail cloisonné du Japon, à décor de fleurs et d'oiseaux, sur fond bleu turquoise.

Haut., 45 cent.

35 — Deux pots cylindriques de même qualité.

Haut., 125 millim.

36 — Deux plateaux arrondis, décorés d'oiseaux et de fleurs.

Long., 27 cent.

37 — Pot surbaissé à couvercle, décoré d'un vol de grues, sur fond bleu.

Haut., 16 cent.

38 — Porte-cartes sur pied rond, décoré de fleurs et d'ornements, sur fond bleu clair.

39 — Baguier à deux places, de décor analogue.

POTERIES DE SATZUMA ET PORCELAINES

40 — Faïence de Satzuma. — Deux grands vases en forme de balustre, à col droit et à deux anses, décor à personnages dans des paysages en or et couleurs.

Haut., 77 cent.

41 — Faïence de Satzuma. — Deux grands vases en forme de balustre, à col évasé, très finement décorés de personnages et de paysages.

Haut., 60 cent.

42 — Faïence de Satzuma. — Deux vases en forme de balustre, à deux anses, têtes chimériques et anneaux, décorés de paysages et de personnages.

Diam., 38 cent.

43 — Faïence de Satzuma. — Deux vases en forme de balustre, à gorge, à collerette découpée et à anses formées de petites chimères, décorés de fleurs en or et couleurs.

Haut., 30 cent.

44 — Faïence de Satzuma. — Potiche à couvercle, décorée de personnages, de nuages et d'oiseaux en relief, émaillés en couleur.

Haut., 33 cent.

45 — Faïence de Satzuma. — Deux vases en forme de balustre, à col évasé, décorés de fleurs et d'ornements en or et couleurs.

Haut., 29 cent.

46 — Pot à panse sphérique et à bourrelet, avec couvercle plat, décoré de paysages et d'ornements en couleurs.

47 — Deux petits flambeaux carrés de plan, décorés d'arbustes et de fleurs.

48 — Petit cornet à panse sphérique, décoré de paysages avec figures et ornements.

49 — Petit flambeau à pied conique, à décor analogue.

50 — Boîte cylindrique à couvercle plat, décoré d'ornements.

51 — Bol rond décoré de fleurs.

52 — Boite carrée à couvercle, en poterie de Kutani, à décor polychrome.

53 — Bol en poterie de Kutani, à décor de fleurs, dragons et personnages en rouge et or.

54 — Brûle-parfums surbaissé, à deux anses, en ancien blanc de Chine.

55 — Pot couvert en porcelaine de Kanga à décor d'or, sur fond rouge.

56 — Figure de personnage debout, en grès émaillé, vert d'eau.

57 — Pot à fleurs en forme de tronc d'arbre, en poterie.

58 — Buire à anse en poterie, à décor émaillé bleu.

59 — Bouteille en poterie émaillée verdâtre.

60 — Plat en forme de coquille, en porcelaine du Japon, à décor bleu.

61 — FAÏENCE DE SATZUMA. — Coupe ronde sur pied élevé, décorée à l'intérieur de fleurs de chrysanthèmes sortant d'une haie d'or; au pied, une rivière couverte de fleurs et de feuillages.

Haut., 19 cent.; diam., 24 cent.

62 — PORCELAINE D'IMARI. — Potiche décorée d'arbustes et de fleurs en bleu, rouge, vert et or.

Haut., 41 cent.

63 — FAÏENCE DE SATZUMA. — Vase en forme de balustre à col allongé, décoré de médaillons de fleurs et de rosaces en or et couleurs.

Haut., 22 cent.

64 — FAÏENCE DE SATZUMA. — Bouteille forme

gourde à col droit, à décor de fleurs et d'insectes en or et couleurs.

Haut., 17 cent.

65 — Porcelaine de Kutani. — Pot forme potiche, décoré de fleurs et de rosaces émaillées en couleurs. Couvercle en bois, à fleurs rapportées en relief.

Haut., 24 cent.

66 — Faïence de Satzuma. — Vase cylindrique à col évasé, sur trois pieds, décoré de personnages et d'ornements en couleurs et or.

Haut., 26 cent.

67 — Faïence de Satzuma. — Petite bouteille à saki, décorée de feuillages et de fleurs en or et couleurs.

Haut., 20 cent.

68 — Faïence de Satzuma. — Petit vase à col droit de décor analogue.

Haut., 17 cent.

69 — Faïence de Satzuma. — Coupe de forme surbaissée, représentant une chrysanthème. décorée d'éventails en or et couleurs.

Diam., 22 cent.

70 — Faïence de Satzuma. — Buire à col droit allongé, décorée de fleurs en or et couleurs.

Haut., 24 cent.

71 — Faïence de Satzuma. — Théière de forme ovoïde, décorée de fleurs en couleurs et or.

Haut., 15 cent.

72 — Faïence de Satzuma. — Théière de forme sphérique, décorée de jeux d'enfants en couleurs et or.

73 — Faïence de Kioto. — Petit pot à deux anses et couvercle, décoré de personnages et d'ornements en couleurs et or.

74 — Faïence de Satzuma. — Petite théière décorée de fleurs et de feuillages.

75 — Faïence de Satzuma. — Bol décoré de feuillages et de fleurs de chrysanthèmes.

Haut., 850 millim.

76 — Faïence de Satzuma. — Bol décoré de médaillons de fleurs et d'oiseaux.

Haut., 750 millim.

77 — Faïence de Satzuma. — Bol décoré d'armoiries et d'une frise d'ornements en or.

Haut., 700 millim.

78 — Faïence de Satzuma. — Petit bol décoré de bouquets de fleurs en couleurs et or.

Diam., 105 millim.

79 — Faïence de Satzuma. — Petit bol décoré de feuillages et d'ornements en couleurs et or.

Diam., 9 cent.

80 — Faïence de Satzuma. — Bol évasé, décoré de fleurs à l'intérieur et d'ornements à l'extérieur.

Diam., 14 cent.

81 — Faïence de Satzuma. — Bol décoré d'attributs en couleurs et or.

Diam., 125 millim.

82 — Faïence de Kioto. — Petit bol évasé, décoré d'un paysage à l'intérieur et d'ornements à l'extérieur.

Diam., 11 cent.

83 — Faïence de Satzuma. — Bol profond,

décoré de bambous et d'oiseaux en or et couleurs.

Diam., 11 cent.

84 — Faïence de Kioto. — Bol hémisphérique, décoré de fleurs, d'insectes et d'ornements.

Diam., 10 cent.

85 — Faïence de Kioto. — Bol de forme analogue, à moulure à sa partie inférieure et décoré d'ornements et d'armoiries en couleurs et or.

Diam., 12 cent.

86 — Faïence de Kioto. — Bol de même forme, décoré d'armoiries brun-noir sur fond laiteux.

Diam., 115 millim.

87 — Faïence de Satzuma. — Petit pot à couvercle, décoré de branches de fleurs polychromes.

88 — Faïence de Satzuma. — Pot à couvercle, décoré de feuillages et de chrysanthèmes.

89 — Faïence de Kutani. — Bol évasé décoré

de médaillons de fleurs et de personnages en rouge et or.

Diam., 15 cent.

90 — Faïence de Kutani. — Grand bol décoré de médaillons de fleurs et de personnages en rouge et or.

Diam., 19 cent.

91 — Faïence de Satzuma. — Grand vase en forme de balustre, col allongé, décoré de personnages en couleurs et or.

Haut., 52 cent.

92 — Porcelaine d'Imari. — Plat rond à décor en bleu, rouge et or, à fleurs et paysages.

Diam., 28 cent.

93 — Porcelaine d'Imari. — Trois tasses avec soucoupes, décorées d'armoiries et de fleurs en couleurs et or.

94 — Faïence de Satzuma. — Théière de forme sphérique à côtes, finement craquelée.

95 — Porcelaine de Chine. — Petit écran vase à fleurs, à décor bleu.

Haut., 22 cent.

96 — Porcelaine de Chine. — Pot à décor bleu, à couvercle en bois et bouton en cornaline.

Haut., 22 cent.

97 — Porcelaine de Chine. — Brûle-parfums sphérique, à trois pieds bas, à deux anses et à couvercle à décor bleu.

98 — Vieux grès de Bizen. — Statuette de personnage accroupi, émaillé brun.

Haut., 25 cent.

99 — Vieux grès de Bizen. — Porte-bouquet-applique, formé d'une figurine debout.

Haut., 15 cent.

100 — Vieux grès de Bizen. — Deux statuettes en terre émaillée jaune, personnages debout, l'un d'eux tient un rouleau et l'autre un balai.

Haut., 29 cent.

BRONZES

101 — Gong en bronze, forme écu.

Diam., 55 cent.

102 — Statuette en bronze, personnage accroupi.

Haut., 23 cent.; larg., 30 cent.

103 — Fontaine ovoïde à couvercle, en bronze, à anses têtes d'éléphants.

Haut., 48 cent.

104 — Vase bronze en forme de balustre aplati, à anse surélevée et décoré d'ornements en relief.

Haut., 27 cent.

105 — Réchaud en bronze à rosace découpée et inscriptions en relief.

Haut., 14 cent.

106 — Bœuf et personnage en bronze; groupe formant brûle-parfums.

Haut., 21 cent.

107 — Jardinière bronze, de forme hexagone sur pied mobile, à têtes d'éléphants.

Haut., 11 cent.; diam., 19 cent.

108 — Jardinière bronze, de forme surbaissée, à insectes en relief et pied mobile formé de branchages.

Haut., 115 millim.; diam., 150 millim.

109 — Pot en fer sur trois pieds, décoré de trois caractères incrustés en argent.

Haut., 12 cent.; diam., 11 cent.

110 — Petit vase bronze en forme de cornet à anses, têtes chimériques et médaillons, tortues en relief.

Haut., 13 cent.

111 — Petite divinité en bronze : Kouan-In, accroupie.

Haut., 12 cent.

112 — Petit vase en bronze niellé d'argent, en forme de balustre carré.

Haut., 9 cent.

113 — Petite boîte à encens, à couvercle plat en fer, niellé d'argent, intérieur laqué rouge.

114 — Petite boîte oblongue à angles arrondis en fer, niellé or et argent.

115 — Petit encrier et son pinceau en bronze, en forme de courge.

116 — Vase à panse carrée et col évasé en bronze, à ornements en relief.

117 — Brûle-parfums ovale à quatre pieds et à deux anses, à ornements en relief.

118 — Chibachi en bronze à médaillons oiseaux et tortues en relief.

119 — Coupe ronde et évasée sur trois pieds têtes d'éléphants et ornements et caractères en relief.

120 — Petit brûle-parfums carré à quatre pieds et à deux anses en bronze, à ornements en relief.

121 — Brûle-parfums formé d'un dauphin à tête chimérique.

122 — Deux appliques en bronze, personnage et dragon.

123 — Netzké en forme de tonnelet en bronze, niellé d'or et d'argent.

124 — Porte-bouquet-applique, en bronze de forme cylindrique incrusté de pointes d'or.

Haut., 15 cent.; diam., 6 cent.

125 — Grelot en bronze à inscriptions en relief.

126 — Petite boîte en bronze niellé d'or, intérieur doré.

127 — Pipe en argent et bois laqué.

128 — Petite bouteille à eau en bronze niellé.

129 — Manche de poignard et sa garde en shiakudo, décor fleurs et feuillages en or à relief.

130 — Poignard à fourreau de laque et ornements en bronze niellé or et argent.

131 — Deux sabres, fourreaux laque noir, gardes et ornements bronze, décorés de personnages niellés or.

132 — Fusil avec canon à pans, incrusté de caractères en argent.

133 — Fusil avec canon à pans niellé de bronze.

134 — Dix gardes de sabres à décors variés. (Ce lot sera divisé.)

135 — Douze manches de couteaux en bronze et fer. (Ce lot sera divisé.)

OBJETS VARIÉS

136 — Deux petites plaques ovales en nacre très finement sculptées, décorées de personnages, de fleurs et d'animanx.

137 — Netzké ivoire : Bateau et personnages.

138 — Netzké ivoire : Écran et jeux d'enfants.

139 — Petite statuette en pierre de lard, représentant la déesse Kouan-In dans un rocher.

140 — Deux ceintures de femmes en soie très finement tissée à fond bleu.

141 — Fukusa, genre tapisserie, décor éventails et personnages.

142 — Fukusa peint et brodé, décor bateau et personnages.

143 — Kakémono représentant des divinités.

144 — Ceinture de femme en tissu de soie fond crême.

145 — Robe japonaise en crêpe brodé à fond noir.

146 — Fukusa en soie bleu clair, jeux d'enfants brodés en soie de couleurs.

www.ingramcontent.com/pod-product-compliance
Ingram Content Group UK Ltd.
Pitfield, Milton Keynes, MK11 3LW, UK
UKHW022147260726
13993UKWH00005B/2209